FAITS DIVERS,

PENSÉES DIVERSES, ET QUELQUES RÉPONSES

DE

SOURDS-MUETS

Imprimerie de Hennuyer et Cie, rue Lemercier, 24.
Batignolles.

FAITS DIVERS,

PENSÉES DIVERSES, ET QUELQUES RÉPONSES

DE

SOURDS-MUETS

PRÉCÉDÉS

D'UNE GRAVURE REPRÉSENTANT LEUR ALPHABET MANUEL,

ET DE NOTIONS

SUR LA DACTYLOLOGIE

OU

LE LANGAGE DES DOIGTS,

AVEC DES DÉTAILS INTÉRESSANTS
SUR UNE SOURDE-MUETTE-AVEUGLE FRANÇAISE,
ET SUR UN SOURD-MUET-AVEUGLE ÉCOSSAIS,

PAR ALPHONSE LENOIR.

Professeur sourd-muet à l'Institution nationale de Paris,
Vice-président de la Société centrale des Sourds-Muets.

—

2me ÉDITION, REFONDUE ET AUGMENTÉE.

PARIS,

RUE RACINE, 15.

1850.

LA DACTYLOLOGIE

La dactylologie [illegible] de reproduire, à l'aide des doigts [illegible] la langue parlée. C'est en quelque manière une sorte d'écriture [illegible] [illegible] visible et fugitive. Par des positions convenues de la main, elle trace les lettres que l'écriture représente au moyen de la plume ou du crayon.

On a souvent confondu cet alphabet avec celui dont les collégiens font usage pour correspondre entre eux en trompant la vigilance de leurs maîtres.

La différence est grande, cependant, entre ces deux modes de communication.

L'alphabet des collégiens exige l'emploi des deux mains et le mouvement des pieds et du corps.

Celui des sourds-muets ne nécessite l'emploi que d'une seule main : c'est la simplicité même.

L'alphabet manuel des sourds-muets français, adopté par leurs frères de presque toutes les na-

LA DACTYLOLOGIE.

La dactylologie est l'art de reproduire, à l'aide des doigts, les lettres d'une langue parlée. C'est un alphabet manuel, une sorte d'écriture télégraphique ou de parole muette, visible et fugitive. Par des positions convenues de la main, elle trace les lettres que l'écriture représente au moyen de la plume ou du crayon.

On a confondu souvent cet alphabet avec celui dont les collégiens font usage pour correspondre entre eux en trompant la vigilance de leurs maîtres.

La différence est grande, cependant, entre ces deux modes de communication.

L'alphabet des collégiens exige l'emploi des deux mains et le mouvement des pieds et du corps.

Celui des sourds-muets ne nécessite l'emploi que d'une seule main : c'est la simplicité même.

L'alphabet manuel des sourds-muets français, adopté par leurs frères de presque toutes les nations, leur vient des Espagnols, ces premiers maîtres en l'art d'instruire leurs compagnons d'infortune.

Seul, l'alphabet manuel des sourds-muets anglais en diffère, et se rapproche beaucoup de celui des collégiens.

USAGE DE LA DACTYLOLOGIE,

AVANTAGES QU'ELLE OFFRE A CEUX QUI LA POSSÈDENT.

Il suffit d'étudier avec soin la gravure placée en tête de ce petit livre pour acquérir en peu de temps la connaissance parfaite de l'alphabet manuel, et habituer ses doigts à en reproduire aisément, une à une, les vingt-cinq figures.

La marche à suivre pour y parvenir est facile.

Répétez les cinq ou six premières lettres autant de fois qu'il sera nécessaire pour les apprendre et les reproduire fidèlement.

Passez aux cinq ou six qui suivent, et continuez de la sorte jusqu'aux dernières.

Une demi-heure, un quart d'heure même suffit à ce travail, pour peu qu'on y apporte de la bonne volonté.

Dès qu'on a réussi à se faire ainsi comprendre, c'est avec bonheur qu'on se trouve transporté tout à coup dans un monde nouveau. On ne se sent plus embarrassé en présence d'un sourd-muet instruit avec qui l'on veut entrer en rapport, quand on est dans l'impossibilité d'écrire, soit que les instruments nécessaires manquent, soit qu'on marche ensemble, soit qu'on se trouve dans la même voiture.

Dans ces occasions fréquentes on ne saurait trop apprécier l'utilité de la dactylologie.

On est bientôt convaincu que, maniée avec dextérité, elle devient aussi expressive que l'écriture et aussi rapide que la parole.

L'alphabet manuel offre un autre avantage qui n'est pas à dédaigner, c'est de pouvoir s'entretenir à distance, sans déranger les personnes qui se trouvent entre les deux interlocuteurs, et sans qu'elles puissent soupçonner le sujet de votre conversation, si elles sont étrangères à la dactylologie.

Qu'on n'aille pas croire que, dans l'obscurité la plus profonde, les sourds-muets, possesseurs de ce moyen facile de communication, soient condamnés à un silence forcé : ce serait tomber dans une étrange erreur. Il est facile aux sourds-muets d'échanger dans les ténèbres, au moyen de l'alphabet manuel, leurs pensées et leurs sensations ; il leur suffit, pour cela, de palper, sans interruption, les doigts actifs de leur interlocuteur, de les suivre dans chacune de leurs évolutions successives, de ne les quitter, enfin, que lorsque la pensée ou la sensation qu'on échange est parfaitement rendue. Alors celui qui palpait agite à son tour ses doigts, et celui qui les agitait palpe également son partner; conversation intarissable et qui ne chôme jamais.

Un exemple fera mieux comprendre l'importance de ce mode de communication.

Étant allé passer, il y a quelques années, à Marseille une partie de mes vacances, j'y fis la connaissance d'un sourd-muet âgé de quatre-vingts ans, lequel, depuis trente ans, était devenu complétement aveugle.

A l'aspect de cette double infirmité, qui ne se figure que c'était le plus malheureux des hommes, vivant sans communication aucune avec ses semblables, dans l'abandon le plus affreux, dans la solitude la plus absolue ?

Eh bien ! il n'en était rien.

Je l'ai vu, par le moyen que j'ai indiqué, communiquer aux autres ses sensations, et comprendre les sensations des autres aussi complétement, aussi parfaitement que le premier homme venu, doué de tous ses sens.

Il riait, il travaillait, il s'occupait à fabriquer des couteaux, des fourchettes et des cuillers de bois. Il avait été recueilli dans la famille d'un sourd-muet qui l'avait adopté comme un frère.

Tels sont les miracles qu'opère la dactylologie. Son usage expéditif, attrayant, lui a fait accorder depuis longtemps droit de bourgeoisie dans la société des parlants, et même dans le grand monde. On se fait un bonheur de la connaître, de l'accueillir, et plus d'une jolie femme, qui la dédaignait autrefois, met aujourd'hui tant de grâce et de coquetterie à reproduire, à l'aide de ses doigts fins et délicats, les caractères rapides de notre télégraphie manuelle, que c'est un charme de plus dont le beau sexe est redevable aux sourds-muets, et dont je suis certain qu'il leur sera reconnaissant.

Différence de la Dactylologie et de la Mimique.

Il n'est pas besoin de dire, je pense, qu'il ne faut pas confondre la dactylologie et la mimique.

Nous avons défini la première : la reproduction, au moyen de caractères conventionnels tracés par les doigts, des lettres qu'emploie une langue dans la parole et dans l'écriture.

La mimique, au contraire, reflet épuré de la première langue, de la langue universelle donnée au premier homme par le Créateur, la mimique, que le besoin a enseignée aux sourds-muets, et que ceux-ci ont apprise aux parlants qui l'avaient oubliée, la mimique ne reproduit ni lettres, ni mots, ni phrases, ni périodes ; elle peint la pensée seule, aux yeux de toutes les nations du globe, grâce à ses gestes variés, inépuisables, grâce à ses mouvements significatifs, éloquents, des mains, des bras, des doigts, de la physionomie, du corps tout entier.

C'est cette pantomime saisissante qui électrisait Rome, la ville immortelle, du haut de cette scène où trônait Roscius. C'est la pensée faite corps, c'est la plus belle imitation des actions et des objets, c'est le langage le plus expressif qu'on puisse parler sur la terre. C'est le langage de la nature elle-même.

Le discours d'un bon mime devrait être reproduit dans vingt langues, par vingt sténographes différents, avec une exactitude qui défierait la traduction la plus habile.

Chez les sourds-muets, soit paresse, soit impétuosité, la dactylologie se mêle tellement sans cesse au langage des gestes, que la fille du Ciel et sa très-humble servante sont devenues presque inséparables. Celle-ci peint les mots, celle-là les idées ; la mimique retrace les objets, la dactylologie les nomme ; on peut à la rigueur se passer de la dactylologie, on ne saurait rejeter impunément la mimique ; il n'est pas un seul orateur qui n'en fasse un grand emploi sans s'en douter ; et privé de son secours, le sourd-muet illettré mourrait de faim à la porte du riche.

Si le hasard d'une invitation inattendue vous amène un jour à l'un de ces banquets annuels où les sourds-muets de toutes les professions et de tous les pays fêtent, en décembre, la naissance de l'abbé de L'Épée, leur apôtre, leur saint Vincent de Paul, leur rédempteur, *leur père intellectuel*, comme ils disent dans leur langage métaphorique, tout émaillé de perles orientales, vous remarquerez, non sans être saisi d'admiration pour le génie qui a déchiré le voile d'obscurité profonde dont s'enveloppait ce peuple exceptionnel; que chez les étonnants convives que vous avez sous les yeux, le jeu gastronomique de la bouche n'interdit nullement aux bras leur action télégraphique; que les émotions les plus tendres, les plus fraternelles s'échangent d'un bout de la table à l'autre; que tous ces doigts intelligents s'envoient et se renvoient des mots; ces bras, ces physionomies, ces regards, ces sourires, des phrases entières, des pensées complètes, sans que, dans leur trajet alternatif, aucune parcelle de ces émanations intellectuelles se perde ou se heurte en se croisant dans l'air, conquête inappréciable de cette nation à part, que la persévérance d'un humble prêtre a su, par les lumières de l'éducation, rétablir à tout jamais dans ses droits, longtemps perdus, d'hommes et de citoyens.

FAITS DIVERS DE SOURDS-MUETS.

I.

LES 22, 23 ET 24 FÉVRIER 1848.

FAITS HÉROÏQUES ACCOMPLIS PAR DES SOURDS-MUETS DANS CES JOURNÉES SANGLANTES.

Le lecteur nous saura gré peut-être d'ouvrir cette série de faits par le récit de ceux qui viennent de signaler les trois journées de février, dans lesquelles s'est accomplie subitement, à nos yeux éblouis, la plus spontanée, la plus complète, la plus sublime de toutes les révolutions humaines. Au milieu des grandes actions qui ont fait éclater le plus pur dévouement du peuple de Paris et son enthousiasme admirable pour le triomphe de la liberté, qu'on n'aille pas croire que les sourds-muets se soient tenus à l'écart inactifs, indifférents, insensibles ! Non, non. La preuve du contraire a été recueillie par les journaux, qui ont enregistré soigneusement les traits de valeur des enfants de la patrie.

« Plusieurs sourds-muets ont pris une part active à la défense des barricades, et ils se sont battus avec une intrépidité qu'on ne saurait trop louer. Un d'eux a été tué à l'attaque du poste du Château-d'Eau. On cherche maintenant son nom.

« Le nommé Besson, sourd-muet, jeune ouvrier de vingt ans, a été remarqué gardant la galerie d'Orléans, métamorphosée en ambulance.

« Pendant qu'une colonne d'ouvriers passait devant l'Institution des Sourds-Muets, un de ces braves ayant aperçu une foule d'élèves battant des mains, leur a répondu par une pantomime chaleureuse, en leur donnant à entendre qu'il avait vu un de leurs frères combattre à ses côtés comme un lion. »

Encore un héros de Février.

La lettre suivante d'un membre du Comité des secours institué pour les blessés des trois mémorables journées, au rédacteur de l'*Estafette*, vient nous révéler encore un sourd-muet parmi les acteurs de ces scènes héroïques :

omité des secours aux blessés.—Hôtel des invalides civils (Tuileries). — Le 2 mars.

Dans un instant de repos que je peux dérober à mes laborieuses fonctions, je lis dans votre journal, citoyen rédacteur, ce que vous dites de plusieurs *sourds-muets* qui ont pris une part active aux combats qui viennent d'avoir lieu.

« Aujourd'hui même, je viens de faire enregistrer dans mon bureau, et comprendre dans le nombre des citoyens auxquels la patrie doit et accorde des secours, un *sourd-muet* ; c'est le nommé *Hariel* (Félix), âgé de vingt-huit ans, marié, père d'un enfant en bas âge, et dont la femme est enceinte! Il demeure rue d'Allemagne, 59 (Petite-Villette). Il a reçu un coup de baïonnette à travers la main droite, en chargeant à la tête de nos concitoyens au guichet du bord de l'eau, dans la journée du 24.

« J'ai du bonheur à vous redire ce fait, qui m'a particulièrement frappé, au milieu de tant d'autres que je suis appelé à enregistrer tous les jours.

« Veuillez, etc.

A. LEFEBVRE,

(Chef de bureau du Comité des secours).

III.

LE 4 MARS 1848.

Convoi funèbre allant à la Bastille.

Si l'on a vu des sourds-muets se mêler aux combattants de Février, unissant leurs efforts pour conquérir la République, qui s'étonnera d'en rencontrer de nouveau, prenant part aux démonstrations du peuple assemblé, le 4 mars suivant, pour rendre les honneurs funèbres aux citoyens frappés par les balles de la tyrannie? Dans cette cérémonie imposante, où un immense cortége se déroulait de la Madeleine à la Bastille, sur toute la ligne des boulevards, accompagnant à leur dernier asile les restes mortels des martyrs de la liberté, on a vu figurer une bonne partie des élèves de l'Institution nationale de Paris, en uniformes et sur une colonne serrée, ayant à leur tête un de leurs camarades, lui-même en uniforme. Ils avaient pris place dans cette procession civique par un élan de patriotisme, et sans aucune invitation de l'autorité.

Le même jour, au moment où le char de la liberté passait sur le boulevard du Temple, des cris répétés de « chapeau bas ! » se firent entendre. Ils s'adressaient à deux sourds-muets, des plus distingués de la capitale, qui se tenaient à une des fenêtres du restaurant du *Cadran bleu*. Peu s'en est fallu qu'ils n'aient été victimes de leur infirmité ; un homme armé, qui faisait partie du convoi, après les avoir vainement sommés à plusieurs reprises de se découvrir, les a ajustés, et très-probablement il eût fait feu, si un garde national n'avait abaissé le canon de son fusil. Les deux sourds-muets, qui avaient ôté leur chapeau au passage de chaque corbillard portant les morts à la Bastille, avaient en ce moment détourné leurs yeux de ce spectacle funèbre pour échanger entre eux quelques pensées. Malheureusement, c'était à l'instant même où le char gigantesque avançait, ce qui explique comment ils ne s'étaient pas aperçus à temps du danger auquel les exposait cette distraction imperceptible,

---

IV.

LE 7 MARS.

Députation de Sourds-Muets au gouvernement provisoire. — Réponse de M. de Lamartine.

En ces beaux jours où tant de députations diverses venaient apporter au gouvernement provisoire l'hommage spontané de leur dévouement unanime à la jeune République tout récemment éclose sur les ruines encore fumantes de la vieille monarchie, une députation de la Société centrale des sourds-muets de Paris se présenta à l'Hôtel-de-Ville, rangée en colonne et ayant à sa tête un drapeau tricolore sur lequel on lisait le titre de la Société. Après avoir payé son tribut de vive adhésion à la République et de reconnaissance éternelle pour les hommes d'État qui avaient assumé la tâche difficile de diriger ses premiers pas, elle exprima le vœu de voir une organisation nouvelle régénérer promptement l'Institution nationale, où leurs jeunes frères d'infortune sont admis au bienfait inappréciable d'une éducation populaire.

M. de Lamartine, membre du gouvernement provisoire, a répondu à la députation :

« Nous regrettons de n'avoir pas une langue pour faire comprendre sans intermédiaire les sentiments du gouvernement provisoire pour la classe si intéressante de la population et de l'humanité que vous représentez. Ce jour est consacré à recevoir des félicitations et des adhésions ; il n'est heureusement pas consacré encore à recevoir des accusations.

« Quand il s'agira d'examiner, avec l'attention que l'Administration vous doit, les griefs que vous portez devant le gouvernement, vous pouvez être sûrs que l'Administration compétente y apportera elle-même tous les soins, toute la sollicitude et toute l'impartialité qui sont dans son devoir. En attendant, bornez-vous à dire à vos infortunés amis que la République aura sur leurs malheurs, sur leur détresse, sur leur destinée tout entière, comme êtres souffrants et comme citoyens, toute la vigilance et tout le soin qu'elle leur doit, et que non seulement elle s'empressera de leur conférer les droits qu'ils sont susceptibles d'exercer, mais qu'elle voudrait pouvoir leur restituer les sens que la nature leur a si cruellement refusés.

« Je vous prie d'être l'interprète de ces sentiments auprès de ceux qui ne peuvent m'entendre. »

Un interprète parlant, qui avait été invité à accompagner la députation et à lire de vive voix son adresse au gouvernement, lui a traduit en signes mimiques la réponse de M. de Lamartine, qui a été accueillie par de grandes démonstrations approbatives.

V.

LE 2 AVRIL.

Fête de la Fraternité au Champ-de-Mars. — Pétition pour demander l'application du principe de l'élection aux fonctions de l'institution nationale.

C'était le jour que l'initiative du peuple avait fixé, d'un commun accord, pour célébrer la fête de la Fraternité, sans que le gouvernement provisoire eût donné aucun ordre pour cette solennité toute populaire. Les écoles, résolues à se mêler aux ouvriers dans une vaste adhésion de concorde fraternelle, et à proclamer et à cimenter en même temps par cette manifestation l'unanimité des cœurs sous la noble inspiration de la liberté et de l'égalité, s'étaient dès le matin, par un élan spontané de patriotisme, réunies sur la place du Panthéon ; on remarquait dans cette réunion, si touchante par le sentiment qui l'électrisait, et si pittoresque par les diverses corporations qui s'y trouvaient mêlées, une bonne partie des élèves de l'Institution nationale des Sourds-Muets, en uniforme, et bon nombre de leurs aînés sortis de cet établissement. Le cortége, en colonne de plus de 2,000 assistants, précédés de jeunes orphéonistes, et ombragés de nombreux drapeaux tricolores flottant de distance en distance, traversa dans un ordre admirable toute la ville, aux acclamations d'un peuple d'ouvriers qui s'arrêtait sur son passage, en se rendant au Champ-de-Mars où il allait prendre part à ses travaux ordinaires de terrassement.

Laissons le journal du gouvernement, *le Moniteur universel*, du 3 avril, décrire lui-même cette fête patriotique :

« Aujourd'hui Paris vient d'avoir l'une des plus belles journées qui puissent compter dans l'histoire de notre révolution de 1848, qui en compte déjà un si grand nombre d'admirables. Des placards, répandus dès le matin dans la capitale, avaient inspiré quelques craintes en annonçant une réunion générale de la population parisienne au Champ-de-Mars. On redoutait une manifestation qui aurait pu alarmer de nouveau le commerce et l'industrie, déjà si troublés.

« On parlait de forcer les citoyens riches à des sacrifices que la loi n'exige pas, et que la violence, à sa place, disait-on, devait exiger. Grâce à l'intelligence et au patriotisme du peuple et de la jeunesse des écoles, cette journée, qui s'annonçait sous de fâcheux auspices, s'est magnifiquement passée.

« L'effet en sera certainement immense ; le peuple aura prouvé une fois de plus les sentiments qui l'animent ; il aura montré qu'il comprend l'ordre moral et matériel de la cité mieux que ne l'a compris jamais aucun des gouvernements qui ont si longtemps méconnu et calomnié ses héroïques vertus.

« On s'attendait à une démonstration considérable ; elle a eu lieu, elle a duré plus de huit heures, cent mille hommes au moins y ont pris part ; et, dans ce concours presque innombrable, il n'y a pas eu un seul instant de trouble, un seul cri équivoque, une seule collision, un seul dissentiment. Toutes les âmes n'ont eu qu'une pensée, tous les cœurs n'ont eu qu'une seule émotion : réunir toutes les classes de la population parisienne, toutes les écoles, sans en excepter aucune, depuis l'École polytechnique et l'École normale jusqu'à celle des *Sourds-Muets* ; confondre dans une vaste adhésion la jeunesse et les ouvriers, mêler les travailleurs de toute sorte dans une concorde fraternelle, exprimer au nom de tous la confiance absolue qu'inspire à tous le gouvernement provisoire : voilà ce que les ouvriers et les écoles ont voulu faire aujourd'hui, voilà ce qu'ils ont fait. C'est un immense service rendu à la patrie.

« Jamais Paris, on peut le dire hautement, n'a vu un jour plus beau, plus pur, plus calme que celui-ci. Il aura, nous l'espérons, des conséquences fécondes. Les proclamations du gouvernement provisoire ont préparé cette touchante unanimité ; la grande manifestation d'aujourd'hui la cimentera d'une manière indissoluble ; elle contribuera puissamment à ranimer la confiance, et à ramener le calme dans tous les esprits.

« Les écoles se sont réunies à dix heures du matin sur la place du Panthéon. Le cortége était précédé d'un sapeur du génie, symbole du travail et de l'intelligence ; à sa gauche, un élève de l'École normale portait le *Contrat social* couronné d'immortelles ; à sa droite, un ouvrier portait une pioche couronnée des mêmes fleurs, et qu'on a déposée comme un souvenir à l'Hôtel-de-Ville. Le cortége s'est rendu au Champ-de-Mars, où les élèves des écoles ont travaillé un moment aux terrassements. Puis, tous réunis, élèves et ouvriers, se serrant la main, se donnant le bras, se sont rassemblés au pied de l'arbre de la liberté en chantant la *Marseillaise*. La quête, commencée au Champ-de-Mars, s'est poursuivie le long des Champs-Elysées et des boulevards. Chacun apportait son offrande à la patrie ; on levait les mains, on criait *vive la République* sur le passage des travailleurs unis. Au milieu d'une foule immense, l'ordre n'a pas été troublé un instant. Les travailleurs sont venus présenter au gouvernement provisoire l'emblème de leur union, lui offrir leur don patriotique, et l'hommage de leur sympathie et de leur dévouement.

« Telle a été cette noble et grande journée : le peuple, la jeunesse, le gouvernement provisoire, peuvent en être heureux et fiers. Il y a longtemps que Paris n'avait présenté un tel aspect de fête, de paix et d'union. Le ciel le plus magnifique, un soleil éclatant n'a cessé de favoriser cette solennité improvisée, qui paraîtrait une sorte de prodige, si, depuis février, le peuple n'avait constamment donné ce prodigieux spectacle. »

Le même jour, à l'issue du cortége qui était venu offrir ses expressions si démonstratives à l'Hôtel-de-Ville, M. Ferdinand Berthier, doyen des professeurs de l'Institut national des Sourds-Muets, est allé déposer entre les mains du gouvernement provisoire une pétition collective de ses frères d'infortune, demandant l'application rigoureuse du principe de l'élection aux fonctions de cet établissement.

Dans la suite, le gouvernement provisoire, en réponse à cette pétition, a déclaré, comme de raison, par l'organe du ministre de l'intérieur, que, dans les écoles dépendant de l'État et subsistant à ses frais, les nominations devaient continuer àêtre faites par arrêtés administratifs et non par voie d'élection. L'intention des pétitionnaires était grande, généreuse, mais l'acquiescement à leurs vœux pouvait ne pas être sans péril. Ils l'ont compris et n'ont pas insisté.

VI.

LE 5 AVRIL.

Plantation d'un arbre de la liberté à l'Institut national des Sourds-Muets.

Ce jour, une partie des élèves, entourée d'un nombre considérable d'ouvriers du voisinage, et précédée de M. Morel, professeur de l'Ecole, en uniforme de capitaine de la garde nationale de la 12e légion, est allée, tambour battant, enseigne déployée, chercher un peuplier au hameau de la Glacière, et est revenue le planter, avec le même cérémonial, dans la cour de l'Institution, à la place d'un beau marronnier qu'une hache révolutionnaire venait d'abattre, et qui était, depuis bien des années, le pendant du fameux orme, réputé à juste titre l'arbre le plus gigantesque dont s'enorgueillisse la capitale. L'aumônier de la maison, après avoir bénit ce nouvel hôte, a prononcé, en présence du directeur et des chefs de l'établissement, un discours de circonstance qui a été couvert des applaudissements frénétiques des élèves.

Le soir, l'Institution a été illuminée. L'arbre prospère et promet un digne pendant à son aîné.

VII.

LE 16 AVRIL.

Réunion électorale des Sourds-Muets.

Le suffrage universel, caractère distinctif de la souveraineté du peuple, ayant été décrété par le gouvernement provisoire en attendant le vote de la Constitution par la future Assemblée nationale, les anciens élèves sortis de l'école de Paris, mêlés aux anciens élèves des institutions de province résidant dans cette capitale, se sont réunis en club dans la salle des séances de l'Institution nationale, afin de s'occuper de la confection de la liste des candidats de la Seine, sur laquelle ils tenaient à voir figurer un de leurs frères d'infortune, M. Ferdinand Berthier, doyen du corps enseignant sourd-muet, l'ami, le défenseur, la providence de cette nation exceptionnelle. Si le succès n'a pas répondu à leur attente, du moins ils ont acquitté une dette du cœur, et cela leur suffit.

VIII

LES 23, 24 ET 25 JUIN.

Des Sourds-Muets courant au-devant du péril dans ces luttes sanglantes.

Dans les cruelles péripéties de la guerre sociale qui, déchirant la capitale durant ces terribles journées, a fait éclater l'admirable dévouement et le noble courage de la garde nationale, de la garde mobile et de la ligne pour la défense de l'ordre et de nos institutions républicaines menacées, on a vu plusieurs sourds-muets se mêler, bouillants volontaires, aux soutiens intrépides de la liberté mise en péril. Dans le premier arrondissement, trois sourds-muets, deux, MM. Gouin, artiste peintre, et de Nogent, propriétaire, le fusil sur l'épaule, et un troisième le pistolet à la main, tous désireux de partager les fatigues d'un détachement de la garde nationale, ont monté, chacun à son tour, la garde pendant deux heures. Ils étaient dévorés du désir d'aller courageusement affronter les balles fratricides, mais un ordre supérieur les clouait à la compagnie de milice citoyenne chargée de veiller à la sûreté du quartier.

Le onzième arrondissement a vu aussi un sourd-muet, à l'œil belliqueux, à la jeunesse intrépide et luxuriante, rester trois jours et trois nuits de suite armé d'un fusil, sur le pavé, marcher vaillamment dans les rangs d'une patrouille, ou travailler comme un héros à l'enlèvement des barricades de l'insurrection.

Sur un autre point, on a vu un révolté tomber sous la balle d'un fusil qu'un nouveau sourd-muet avait emprunté à un garde mobile avec lequel il marchait.

Pour être vrai, il faut ajouter qu'on en a également compté parmi les insurgés; mais, hâtons-nous de le dire, c'étaient des ouvriers travaillant dans le faubourg Saint-Antoine, et qui avaient été contraints par la force à se réunir aux rebelles; car, comment les malheureux, ignorant ce qui se passait plus loin dans la capitale, ne se seraient-ils pas laissé entraîner par leurs camarades avec lesquels ils avaient des relations habituelles? Deux ont été blessés et transportés dans un hôpital. Un troisième, armé à contre-cœur, s'est caché au lieu de se mêler aux combattants, a livré spontanément son fusil aux vainqueurs qui venaient de franchir une barricade, et s'est vu pour ce motif mis immédiatement en liberté sans être inquiété le moins du monde.

Par suite des arrestations qui ont été faites dans les rangs des insurgés, on a compris au nombre des déportés pris dans les luttes du faubourg Saint-Antoine, un des deux sourds-muets dont il vient d'être question ; mais dans la suite, sa conduite ayant été mieux appréciée, il s'est vu admis dans une des listes des graciés qui ont pu revoir la capitale.

IX.

LE 7 JUILLET.

Un sourd-muet tué dans une des communes voisines de Paris durant l'état de siége.

Quand Paris eut été mis en état de siége à la suite des funestes événements de Juin, la ville et la banlieue ne tardèrent pas à être partout sillonnées de patrouilles et occupées par d'épais bivouacs. La ville des plaisirs et de la folie avait pris, bien à contre-cœur, la physionomie d'une place de guerre. En ce temps de trouble et de guerre civile, un sourd-muet a dû subir, comme on va voir, dans une des communes environnantes, les effets immérités de cette rigueur militaire.

« Montmartre a été troublé la nuit dernière par des coups de fusil partis de diverses directions. On a appris bientôt que des individus venaient de tirer sur le factionnaire placé au faîte de la montagne, en haut de la ruelle qui descend directement au Château-Rouge, et plane sur la chaussée de Clignancourt. Un autre coup de feu, dirigé également sur la sentinelle postée au pied de la tour du télégraphe, a donné l'éveil au poste du 11e léger qui bivouaquait sur la place de l'Église. Tout aussitôt des patrouilles se sont mises en marche des deux côtés ; un second coup de feu est alors venu frapper au-dessus de la tête de la sentinelle qui veillait en face de la Villa-Montmartre. Le factionnaire, voyant un homme debout derrière un mur et semblant faire le guet, le couche en joue et tire ; le détachement accourt au pas de course à l'endroit désigné par le soldat, et fait deux feux de peloton, à la suite desquels on trouve sur le sol un homme expirant : c'était un habitant de la rue, *sourd-muet de naissance.* On a fait alors ouvrir les portes de la maison n° 2, au fond de laquelle se trouve un petit bois qui a été exploré et fouillé en tous sens, mais en vain. Pendant tout le reste de la nuit la montagne a été sillonnée de patrouilles, mais le calme le plus profond n'a pas cessé de régner. On pense que ces coups de fusil auront été tirés par des insurgés sortis des carrières, et qui ont pu y trouver une nouvelle retraite. »

(*Constitutionnel* du 8 juillet.)

X.

Le sourd-muet décoré de la Légion-d'Honneur.

Dans les siècles reculés où la lumière de l'instruction ne perçait pas les couches épaisses de l'obscurité qui enveloppait l'esprit du pauvre sourd-muet, et où la société ne tentait pas encore de généreux efforts pour l'arracher à son isolement, on n'aurait jamais pu prévoir qu'un jour un de ces êtres si longtemps humiliés apparaîtrait en face de la civilisation chrétienne comme un *phénomène vivant*, s'il m'est permis d'employer cette expression pour rendre le ridicule des préjugés qui, trop longtemps, ont relégué nos frères d'infortune au-dessous même de la brute. Cependant l'émancipation intellectuelle des sourds-muets a marché à pas de géant, et les barrières que l'ignorance élevait autour d'eux sont tombées enfin. Aujourd'hui les plus incrédules, il s'en trouve toujours, finissent par se taire, en voyant briller la décoration de la Légion-d'Honneur sur la poitrine de l'un d'eux, de M. Ferdinand Berthier, bien connu par ses publications littéraires, par ses palmes académiques, et digne du titre de doyen du corps enseignant de l'Institut national des Sourds-Muets de Paris, par ses longs services et par son dévouement à la cause de ses frères. Si le lecteur veut connaître les circonstances dans lesquelles cette haute distinction lui a été accordée, je vais le satisfaire en peu de lignes : En août 1849, la distribution annuelle des prix avait attiré une brillante assemblée au sein de cette école célèbre ; Mr Berthier, suivant l'usage consacré de faire ouvrir cette séance solennelle par l'allocution d'un des professeurs, appelé à cet honneur, à tour de rôle d'après l'ordre de son ancienneté, avait mimé, de ses doigts éloquents, un discours pathétique, qui avait électrisé l'assistance, lorsque le président de la République française, accompagné du ministre de l'instruction publique, survenant à l'improviste au milieu de la cérémonie, décerna cette décoration à l'habile instituteur, au bruit des applaudissements de la salle entière, et à la joie unanime des jeunes élèves qui, comme de raison, entrevoyaient dans cette distinction honorable la voie large qui s'ouvre devant eux à la conquête de leurs droits d'homme et de citoyen trop longtemps méconnus, et un acheminement à une égalité complète avec leurs frères parlants, dans les diverses carrières qu'il leur est donné de parcourir.

XI.

Les sourds-muets décorés de médailles.

Au moment où nous écrivons, l'Institution des Sourds-Muets de Paris possède un jeune élève de treize ans, qui porte à sa boutonnière une médaille d'argent que le gouvernement lui a décernée en 1847 pour un trait de courage. Voici en quels termes M. Eugène Garay de Monglave, ancien membre de la Commission consultative de l'Institution, a retracé ce trait:

« C'était le 14 juin dernier, sur la côte du Havre. Quatre enfants ont aperçu sur le sable une chaloupe abandonnée ; ils s'en emparent, y montent, rament et s'y balancent, ignorant, pauvres enfants, le danger qu'ils courent. Mais l'un d'eux est entraîné par son aviron trop pesant, il tombe dans l'eau, il s'y débat. Ses camarades poussent des cris déchirants; tous les spectateurs frémissent, l'enfant va périr.

« Heureusement les deux frères Hurtrelle (Alexandre et Léopold-Hippolyte), âgés, le premier de quatorze ans, le second, qui est sourd-muet, de douze, se trouvaient aussi sur la plage ;

l'un a entendu, l'autre a vu. Ils démarrent la petite barque des bains, ils s'y précipitent, ils font force de rames ; ils sont bientôt près de l'enfant qui disparaît. Le sourd-muet se jette dans l'eau, il nage, il atteint l'enfant. Mais comment réussir à le faire entrer avec lui dans l'embarcation ? ses forces et celles de son frère s'y refusent. Tout à coup une idée s'offre à l'esprit du petit sourd-muet : il saisit le jeune imprudent par la tête, la soutient hors de l'eau, fait signe à son frère de ramer ; et tous trois arrivent sur la grève, aux acclamations de la ville entière, témoin de cet acte d'héroïsme.

« Léopold, entré dans notre école, se montre, au milieu de ses frères sourds-muets, aussi modeste qu'il a été courageux au moment du danger ; il ne comprend rien aux félicitations qu'on lui adresse, il ne comprend pas qu'il ait fait autre chose que son devoir. »

Le *Moniteur* du 8 octobre 1849 publie une liste comprenant environ 200 noms de personnes auxquelles des médailles d'honneur viennent d'être décernées par le président de la République, sur le rapport du ministre de l'intérieur, pour actes de courage et de dévouement signalés dans le cours du troisième trimestre de 1849.

Dans le nombre se trouve un jeune sourd-muet, nommé Pamard, qui s'est distingué à Charolles (Saône-et-Loire) dans une inondation.

XII.

Les sourds-muets littérateurs.

Parmi les ouvrages de M. Ferdinand Berthier, doyen des professeurs de l'Institution des Sourds-Muets de Paris, et lui-même sourd-muet, qui charment par un style pur, élégant, brillant, harmonieux, par des pensées fines, ingénieuses, piquantes, cette Institution est fière de voir son Mémoire sur les *Sourds-Muets avant et depuis l'abbé de L'Épée*, et sur divers systèmes d'éducation mis en œuvre pour la régénération morale, obtenir le prix fondé par la Société des sciences morales, des lettres et des arts de Seine-et-Oise (une médaille d'or de la valeur de 300 fr.), et son auteur, dans ce concours, l'emporter sur ses rivaux. D'un autre côté, M. Claudius Forestier, directeur sourd-muet de l'école de Lyon, ne sait pas seulement abdiquer sa gravité magistrale pour s'ébattre en de piquantes lettres insérées dans les journaux et captivant toutes le lecteur par un style facile et coulant, par un heureux choix d'expressions colorées, lettres parmi lesquelles il suffit de citer celles qui traitent des *sourds-muets mariés*, et du *parallèle des aveugles et des sourds-muets ;* il aspire encore à devenir le Rollin des jeunes frères d'infortune que le sort a confiés à ses soins, et écrit pour eux deux admirables livres d'enfants : le *Petit Paroissien* et le *Petit Manuel du sourd-muet pieux*. On assure qu'il a également sur le métier un cours complet d'instruction qui verra le jour plus tard. Nous ne nous pardonnerions pas d'oublier M. Gazan, fils du général et ancien pair de ce nom, qui s'est constitué le La Bruyère de ce peuple exceptionnel, et dont la plume à la fois légère et incisive séduit, berce, étonne l'esprit par ses mille pensées chatoyantes empreintes toutes d'une heureuse hardiesse et d'une originalité piquante.

Je m'arrête, laissant aux *Annales des sourds-muets et des aveugles*, que public M. Morel, sous-directeur de l'Institution nationale, le soin de désigner à l'appréciation des hommes compétents, tout ce qui jaillit de la plume féconde de ces littérateurs encore si peu connus.

XIII.

Les sourds-muets poëtes.

Certes, voilà un titre qui ne manquera pas de soulever un grand étonnement et d'exciter même quelque doute parmi les gens du monde qui n'ont pas vécu au milieu de nous. Ils se demanderont d'une voix unanime comment, l'oreille étant indispensable pour mesurer le rhythme et peser l'euphonie, un sourd-muet privé de cette ressource peut composer des vers. C'est qu'ils sont encore sous l'empire du préjugé qui ne veut pas concevoir que, les règles de la versification une fois bien comprises, la rêverie, l'imagination, viennent verser des fleurs à pleines mains sur les pas de celui qui se noie dans l'harmonie de la nature. Et la rêverie, l'imagination, ne constituent-elles pas elles-mêmes une musique intime et des chants intérieurs ? Et les images, les figures dont s'émaille notre langue poétique, ne parlent-elles pas à l'esprit aussi bien par les yeux que par l'ouïe, et n'éveillent-elles pas dans le cœur une harmonie non moins suave que celle que répètent les échos de la nature ? Demandez à Lamartine, demandez à Victor Hugo, si dans leurs vers, l'un consulte moins le cœur, l'autre moins la pensée que l'oreille !

Un autre exemple décisif peut être puisé dans les arts ; est-ce que la peinture n'a pas également son harmonie ? Est-ce que l'accord des formes n'est pas pour les yeux ce que l'accord des sons est pour les oreilles ? En admirant un tableau délicieusement composé par un sourd-muet, nous est-il défendu de nous écrier : voilà de la *poésie ?* Oui, oui, il existe des sourds-muets poëtes, et au premier rang brille M. Pelissier, professeur à l'Institut national des sourds-muets de Paris, de la plume duquel est sorti un recueil empreint d'une vive et féconde imagination, et étincelant de conceptions riches, heureuses et souriantes.

XIV.

Les sourds-muets savants.

Dans le monde scientifique, il se rencontre quelques sourds-muets qui ne manquent pas d'étonner, par leur grande pénétration d'esprit, les personnes qui, pleines de préjugés, s'imaginent que, là où la parole manque, l'entendement doit sommeiller dans un engourdissement complet. Nous allons en citer deux : l'un d'eux (Paul de Vigan) a si bien su se venger de l'oubli de la nature à son égard, par sa vaste et profonde étude des sciences mathématiques et physiques, que la première Académie du globe, l'Académie des sciences de Paris, a jugé devoir consacrer un rapport solennel aux recherches de ce sourd-muet.

L'autre (de Gazan), après avoir suivi le cours de nos études ordinaires, a pris tout à coup un essor qui surprend tout le monde. Il semble défier la nature cruelle de sa plume audacieuse. Il ose poser un pied hardi sur le champ harmonieux de la musique, lettre morte pour nous jusqu'à ce jour, conquête qui nous semblait à jamais interdite, et il publie ses notions approfondies sur la formation et la différence des sons ; il cherche à distinguer le son aigu du son grave, il dépeint les charmes de cette harmonie, qui chatouille les oreilles de tous, excepté les nôtres. Et pourtant, comme nous, il est sourd, entièrement sourd ; mais par la force de sa volonté puissante, il croit entendre dans le sanctuaire de son esprit. Reconnaissez dans ces faits un des mystères impénétrables de la Providence divine, qui seule peut produire de semblables miracles pour relever celui qui est déchu, pour consoler celui qui pleure.

XV.

Les sourds-muets artistes.

Parmi nos peintres, brillent par leur talent distingué, MM. Peyson et Loustau qui sont sortis l'un de l'école de Paris, l'autre de celle de Nancy, et qui ont souvent envoyé leurs ouvrages aux expositions. Le banquet des sourds-muets de 1844 a été signalé par l'offre que M. Peyson, par un élan spontané de son cœur généreux, a faite à l'Institution de Paris de son beau tableau représentant les derniers moments de l'abbé de L'Épée. Cette toile avait honorablement figuré à l'exposition de l'année précédente. M. Loustau a obtenu une médaille d'or dans un des derniers Salons.

M. Gouin qui avait fait d'excellentes études à l'atelier de Girodet, a acquis depuis quelque temps une réputation méritée dans la daguerréotypie. A force de travail et de persévérance, alors que cet art dormait encore dans son berceau, il a si bien réussi à l'agrandir, à le perfectionner, à lui donner pour auxiliaire le coloris, qu'à juste titre il a été partout surnommé, aujourd'hui le Dubufe de la daguerréotypie. Pas n'est besoin d'ajouter que ses productions en ce genre sont maintenant recherchées de tout Paris.

Viennent, après les peintres, MM. de Widerkhr, Robert, Boclet et Gamble qui excellent, les deux premiers dans la lithographie, les deux autres dans la gravure.

Je dépasserais de beaucoup les bornes de cet écrit si j'entreprenais de déposer ici seulement un souvenir rapide pour les sourds-muets qui se distinguent dans les beaux-arts. Cette liste minutieuse étonnerait tout le monde excepté nous.

XVI.

Un sourd-muet franc-maçon.

M. Pélissier, celui des nôtres qu'on surnomme le poëte, et auquel nous avons déjà consacré quelques lignes, a dû dernièrement à sa rare intelligence la faveur d'être initié aux secrets mystérieux de la Franc-Maçonnerie. S'il est intéressant au suprême degré de voir un sourd-muet mêlé aux travaux d'une loge, dans lesquels la parole est ou semble être du moins indispensable, soit quand on procède aux interrogatoires, soit lorsqu'il s'agit de subir les épreuves, soit dans les conférences, soit dans les discours, il le sera plus encore de le voir signaler sa réception, au milieu des applaudissements de l'assemblée émue, par un brillant discours écrit, en réponse à la question : « *Que pensez-vous de l'éloquence parlée?* » puis par un remerciement fort gracieusement improvisé en forme de quatrain.

XVII.

Un célèbre sourd-muet de moins sur la terre.

Jean Massieu, l'illustre élève de l'abbé Sicard, après avoir brillé d'un si vif éclat dans la capitale, est allé, au fond d'une modeste et tranquille retraite, consacrer le reste de ses forces à l'éducation de ses frères d'infortune. Il est mort à Lille, à l'âge de soixante-quinze ans.

XVIII.

Noble trait de dévouement (1826).

L'École des Sourds-Muets de Rodez avait fait aussi une perte bien douloureuse dans la personne de Louis Milsand, sourd-muet, âgé de vingt-trois ans, et professeur dans cette institution.

Pour dire combien la mort prématurée de ce jeune professeur dut profondément affliger et ses élèves et ceux qui partageaient ses travaux, il faudrait pouvoir peindre le caractère franc et affectueux qui lui conciliait tous les cœurs; il faudrait dire ce mélange heureux de vivacité et de raison, de modestie et d'élévation, de droiture, d'abandon et de sensibilité, cette douce piété, cette modération des désirs, cet amour de ses élèves, enfin cette véritable philosophie qui a son siége dans le cœur, qui s'ignore elle-même, mais se montre dans toute la conduite. Eh! qui a pu mieux observer toutes les qualités de ce jeune homme, qui a pu mieux l'apprécier que l'auteur de cet article, son ancien professeur et son ami, qui, pendant plusieurs années, s'était fait une habitude de lire dans cette intelligence toute neuve encore, et de pénétrer dans tous les replis de ce cœur déjà plein de sentiments généreux ? Puissent ces expressions trop faibles de nos regrets porter quelque consolation au cœur de son père, de ses frères et d'un oncle qui était pour lui un second père !

Le jeune Milsand, ancien élève de l'Institution des Sourds-Muets de Paris, était depuis longtemps dévoré du désir de se vouer à l'instruction des malheureux atteints de la même infirmité que lui, et de leur faire partager le bienfait de l'instruction qu'il avait reçue. Quelle carrière pouvait mieux convenir à ce cœur si généreux, si sensible !... Appelé, depuis un an, à l'école de Rodez, en qualité de professeur, déjà, par son activité, son zèle, son intelligence, il était devenu le plus ferme appui de cette institution ; déjà il commençait à jouir de ses travaux par les progrès de ses élèves, quand il fut enlevé à leur amour par une mort inopinée, dont les circonstances ajoutent encore aux regrets d'une perte déjà si cruelle.

Les élèves de l'École se baignaient au bord de l'Aveyron ; un de ces enfants ayant eu l'imprudence de s'aventurer au milieu de la rivière, fut entraîné dans un tourbillon où il allait périr.

Milsand, sans consulter le danger, se précipite à son secours; il a le bonheur de saisir l'enfant au moment où il allait disparaître dans le gouffre. Chargé de son précieux fardeau, Milsand lutte contre la violence du courant; son courage soutient ses forces, il arrive au bord et dépose sur le rivage l'enfant sans connaissance; mais lui-même, épuisé par tant d'efforts, ou peut-être succombant à une trop vive émotion, il chancelle, tombe, glisse sur l'escarpement de la rive, et disparaît sous l'eau. Le surveillant qui devait accompagner les élèves s'était absenté. Ces pauvres enfants, consternés, désespérés, mais ne pouvant pas même crier au secours, se consument en vaines recherches. Ce n'est qu'après trois quarts d'heure qu'ils retrouvent le corps de leur maître, de leur généreux ami; mais il était trop tard, il avait payé de sa vie son noble dévouement. Sort cruel! impénétrable Providence! C'est dans un pareil malheur que nous avons besoin de croire que tout n'est pas fini avec cette existence terrestre. Le Juge suprême qui, du haut du ciel, pèse nos mérites, a voulu sans doute accorder la couronne immortelle à ce jeune athlète, qui entrait si dignement dans la lice de la vie.

(Journal de l'instruction des sourds-muets, rédigé par M. Bébian.)

XIX.

Beau trait de reconnaissance (1845).

Nous avons déjà parlé deux fois du fils sourd-muet du général Gazan, élève à l'Institution de Paris. Il s'était fait remarquer par l'originalité de son caractère, par la hardiesse de ses pensées, et était devenu un des sujets les plus distingués de l'établissement, grâce aux soins de M. Paulmier. Depuis plus de quinze ans, le jeune Gazan était retourné au sein de sa famille, et M. Paulmier l'avait perdu de vue ; mais le disciple n'avait pas oublié son maître.

Un jour, de grand matin, M. Paulmier entend frapper à sa porte, et en même temps il voit entrer un jeune homme à la mise élégante : c'était M. Gazan. Après les premières démonstrations de surprise, de joie et d'attachement réciproques, le colloque suivant s'établit entre le maître et le disciple :

M. GAZAN. « Mon cher maître, vous avez sans doute quelque travail tout prêt à être imprimé ?

M. Paulmier. — C'est vrai, mon ami, il repose là dans une armoire.

— Pourquoi ne le publiez-vous pas ?

— J'ai de bonnes raisons pour cela : vous savez que les instituteurs de sourds-muets ne font pas fortune, et ma modique pension ne me permet pas de supporter les frais d'impression.

— Avez-vous montré votre manuscrit à quelque libraire-éditeur ?

— Non, parce que je sais d'avance l'inutilité de ma démarche, si je ne me charge pas des frais.

— Il faudrait cependant essayer. Voulez-vous me permettre de vous accompagner chez un éditeur ? Je trouverai peut-être le moyen de lever les difficultés.

— Très-volontiers ; mais je m'attends à trouver un homme intraitable. »

Aussitôt on prend le manuscrit et l'on se rend chez le libraire. Là, M. Gazan entre en pourparler, pendant que M. Paulmier se tient à l'écart ; il convient de tout, puis il tire un billet de mille francs qu'il dépose sur le bureau, en recommandant seulement qu'on lui envoie deux exemplaires de l'ouvrage, dès qu'il sera imprimé. M. Paulmier, les yeux humides d'émotion, ouvre les bras à son ancien disciple.

Voilà, certes, une noble action ; mais ce qui en rehausse encore le mérite, c'est qu'elle est restée cachée jusqu'à ce jour, et nous l'ignorerions encore, si M. Paulmier n'avait lui-même trahi le secret. Nous nous empressons de nous rendre complice de cette indiscrétion, au risque de blesser la modestie de M. Gazan.

(*Annales de l'éducation des sourds-muets et des aveugles, publiées par M. Morel. — 1845.*)

XX.

Représentation dramatique
donnée par des sourds-muets (1839).

On écrit de Gênes, le 25 janvier 1839 : « La semaine dernière, nous avons assisté à une représentation dramatique qui, si nous ne nous trompons pas, est jusqu'ici unique dans son genre. Les principaux élèves de la célèbre Institution de Sourds-Muets de notre ville ont joué, dans leur langage de signes, sur le théâtre de l'hôtel Gagnoletti, au bénéfice des indigents, la tragédie d'*Aristodème*, de Monti, et la jolie petite comédie en un acte intitulée *la Maison abandonnée.*

« Les jeunes sourds-muets, dont le plus âgé n'a que dix-sept ans, ont non-seulement rendu leurs rôles, au dire de toutes les personnes qui sont initiées à leur langage, avec la plus grande précision et sans en avoir passé un seul mot ; mais ils ont mis tant d'âme et d'expression dans leur pantomime, que l'attention des nombreux spectateurs qui encombraient la salle ne s'est pas ralentie un seul instant ; et cela est si vrai, que personne n'a quitté le théâtre qu'après la fin du spectacle, qui se composait de six actes assez longs, et qui a duré, en tout, environ trois heures. »

XXI.

Une fête donnée par les sourds-muets dans leur école de Zurich (1844).

M. d'Orelli, président de cette institution, dont la prospérité est, depuis plus de trente ans, l'objet constant de sa sollicitude aussi éclairée que charitable, avait été, à la suite d'une fracture à la jambe, obligé de rester longtemps éloigné de ses enfants d'adoption. Le 23 août, il retourna, pour la première fois, à l'Institution. Ce fut un jour de fête; les murs de l'établissement étaient tapissés de couronnes, de guirlandes de fleurs; les élèves, à la vue de leur bienfaiteur qui leur était rendu, firent éclater la joie la plus vive; ils l'accueillirent comme un père qui rentre dans sa famille après une longue et périlleuse absence. Pour consacrer le souvenir de cette belle journée, ils lui offrirent un album magnifique, ouvrage entier de leurs mains, où ils ont voulu exprimer, chacun à sa manière, les sentiments, les vœux que leur inspirait l'heureux rétablissement de leur protecteur. Cette brillante et cordiale réception a été certainement, aux yeux de M. d'Orelli, la plus digne, la plus précieuse récompense de son long et généreux dévouement à la cause des sourds-muets.

XXII.

Une fête célébrée à Apt
en l'honneur de l'abbé de L'Épée (1840).

La fête de l'abbé de L'Epée a été célébrée dans cette ville, dimanche dernier, selon le programme qui avait été affiché, et tous nos habitants ont voulu s'associer à l'heureuse pensée de nos compatriotes, MM. Justinien Argaud et Albin Chapel, élèves de l'école nationale de Bordeaux, qui, en cette circonstance, ont tenu à prouver hautement la reconnaissance qu'ils gardent à leur vénérable instituteur. Le beau feu d'artifice, tiré le soir, sur le quai, avait attiré la foule, et un magnifique transparent, peint à Marseille, a obtenu l'approbation générale. Les sourds-muets étaient nombreux. Il faut savoir gré à nos deux jeunes concitoyens d'avoir pris une si honorable initiative. Leur exemple ne peut manquer d'être imité l'an prochain dans les grandes villes.

(*Tiré du Mercure artésien du 29 novembre.*)

XXIII.

Un sourd-muet rédacteur de journal (1839).

On nous signale dans l'Etat de New-York un fait bien curieux et sans exemple jusqu'à présent; c'est la publication d'une feuille hebdomadaire dont le propriétaire et principal rédacteur est un sourd-muet, Levi S. Backus ; et, chose remarquable, ce journal, intitulé : *the Radii* (les Rayons), tout en publiant les faits qui intéressent les sourds-muets, ne leur est pas cependant spécialement consacré : c'est un journal politique, littéraire, scientifique, commercial, dont le format dépasse celui de nos plus grandes feuilles quotidiennes.

Une circonstance qui mérite d'être signalée se rattache à cette intéressante publication ; elle est devenue l'objet d'un vote de la législature de New-York.

Par un acte du 3 mai 1849, la législature a autorisé Levi S. Backus à distribuer, aux frais de l'Etat, « parmi les sourds-muets instruits de cet Etat, mais appartenant aux classes pauvres, un certain nombre d'exemplaires du journal publié par ledit Backus, sous le nom de *the Radii*, jusqu'à concurrence de 100 dollars (530 fr.) par semestre. »

(*Annales de l'instruction des sourds-muets, publiées par M.* Ed. Morel.)

XXIV.

Les sourds-muets électeurs (1846 et 1848).

Aux dernières élections de la Chambre des députés (1846), le bureau du collége électoral de Marseille avait refusé de recevoir le vote d'un électeur sourd-muet, par la raison qu'il ne pouvait prêter serment. Ce refus est devenu l'objet d'une protestation ; mais, sur le rapport de M. Feuchères, la Chambre a validé l'élection dans une de ses séances.

Il n'est pas besoin d'ajouter qu'il existe plus d'un sourd-muet possédant ce droit politique en France.

Au moment où je parlais ainsi des sourds-muets électeurs, le suffrage universel, qui étend le droit de voter à tous les sourds-muets, comme à tous les autres citoyens français sans exception, n'était pas encore éclos au souffle tout brûlant de liberté de la République démocratique.

XXV.

Les sourds-muets agronomes.

M. Ernest Griolet, fils d'un grand manufacturier de Paris, après avoir reçu les bienfaits de l'éducation à l'Ecole des Sourds-Muets, a suivi pendant deux ans les cours théoriques et pratiques de Grignon, sous la direction d'un répétiteur parlant, qui, bien initié à la connaissance du langage des gestes, pouvait reproduire à ses yeux tous les cours enseignés dans cet Institut. A la fin de chaque année, il a subi ses examens avec un succès qui faisait l'éloge de son répétiteur et de sa propre aptitude. Aujourd'hui il est en état de diriger un grand domaine.

En juin 1848, il y avait fête agricole à Vaulujsant, et plus de cinq mille personnes s'y trouvaient réunies. Le second prix de fauchage a été remporté par *Antoine Guérot, sourd-muet*. Les récompenses ont été distribuées par M. Le Javal, propriétaire de la ferme et fondateur de la fête.

Les magnifiques produits du domaine ont excité l'admiration de tous les cultivateurs.

Après la distribution des prix, les assistants se sont livrés aux plaisirs du tir, de la danse, et à des jeux gymnastiques.

C'était une véritable fête de famille, qui, comme la République, avait pris pour devise : ***Liberté, Egalité, Fraternité.***

XXVI

Les sourds-muets horlogers.

Parmi un peuple sourd-muet d'artisans, il est sans doute étonnant, aux yeux des personnes parlantes, qu'il s'en rencontre quelques-uns qui excellent dans l'horlogerie, et dont l'infirmité n'est nullement un obstacle à ce genre de travail; témoin MM. Barbat et Alavoine, qui vivent honorablement à Paris du fruit de leur industrie. Ce dernier a une sœur également sourde-muette, très-habile dans la gravure de lettres sur cuivre.

XXVII.

Les sourds-muets militaires.

Oui, nous avons eu aussi des sourds-muets qui ont porté les armes. Un d'eux, Lamazure, garde national, a fait bravement la guerre de la Vendée. Un autre, Deydier, a longtemps servi dans l'artillerie, et s'est vu, avec douleur, mis à la retraite, après de brillants exploits, dans la force de l'âge, parce qu'il était sourd-muet; un troisième, au moment même où j'écris, Genain, revêtu de l'uniforme de garde national, dont il est très-fier, ainsi que sa physionomie radieuse l'annonce, comprend parfaitement les exercices militaires, et suit d'une manière intelligente sa compagnie dans les moindres détails de son service. Le colonel de la 2e légion, à laquelle il appartient, lui a souvent témoigné son contentement.

Un quatrième (la date en est bien plus ancienne), le comte de Solar, fils d'une noble maison, jeté sur la voie publique par ses nobles parents, reeucilli, adopté par l'abbé de L'Epée, ballotté par les tribunaux depuis la mort du grand homme, devint dragon dans les armées de la République, et tomba sous les coups d'une nuée d'Autrichiens, parce que seul il n'avait pas entendu le signal de la retraite.

XXVIII.

Les sourds-muets marins.

Il y a quelques années, un nègre sourd-muet, marin, robuste, au service des États-Unis (dont nous regrettons d'ignorer le nom), estimé de ses chefs, aimé de ses camarades, vint visiter ses frères blancs de l'École de Paris, et s'entretenir avec eux dans cette langue si pleine d'images que leur a donnée à tous la nature compatissante. Cette apparition rapide a laissé à l'Institution nationale un souvenir que le temps n'a pas encore effacé.

XXIX.

Les sourds-muets polyglottes.

En 1842, un jeune peintre suédois, sourd-muet, vint achever ses études artistiques à Paris. Il était doué d'une prodigieuse facilité pour apprendre les langues, en possédait cinq à fond, et écrivait aussi correctement dans chacune d'elles que dans la sienne propre, à la stupéfaction de tous ceux qui l'approchaient dans ses fréquents voyages. Hâtons-nous cependant de confesser que nous, sourds-muets, nous ne tardions pas à remarquer qu'une science aussi merveilleuse, aussi universelle, qui avait dû lui coûter tant d'études et de veilles, n'avait été acquise par lui qu'au détriment de son aptitude à notre beau langage mimique. Il le possédait mal, incomplétement ; il avait les doigts lourds, peu agiles ; il était même souvent forcé de recourir à la plume, au crayon pour énoncer ses pensées, pour formuler ses demandes, pour converser même avec ses frères d'infortune.

Un autre sourd-muet, véritable prodige, figure

au nombre des colons arrivés à Bone par le dernier convoi. C'est un jeune homme très-fort mathématicien, et possédant une quinzaine de langues mortes ou vivantes, dont quelques-unes dans la perfection. On l'a vu répondre sur-le-champ par écrit et sans hésitation aux diverses questions que lui posent à brûle-pourpoint, en plein café, ses nombreux admirateurs, qui, à eux tous, ne peuvent suffire à la conversation polyglotte de cet étrange sourd-muet. Pour faciliter même à ses admirateurs la lecture de ses réponses, il les écrit à rebours et de droite à gauche, afin que son interlocuteur, placé en face, puisse lire, sans prendre et retourner le papier, la phrase qui lui est adressée.

XXX.

Une sourde-muette aveugle (1832).

Sourde, muette et aveugle! A la seule pensée de tant d'infirmités assemblées sur une si faible créature, le cœur éprouve un douloureux saisissement. Quand on aperçoit cette figure, pâle et chétive, plongée dans des ténèbres et un silence éternels comme les ténèbres et le silence de la mort, il nous semble voir une malheureuse victime ensevelie vivante dans un tombeau ambulant.

Il existait en 1832, à l'Institution des Sourds-Muets de Paris, une demoiselle Victorine Morisseau, qui était devenue sourde et par conséquent muette aussi, dès l'âge le plus tendre, mais elle n'était devenue aveugle qu'à l'âge de treize ans. On avait déjà pu commencer à lui enseigner à écrire, à lire et à connaître la valeur de quelques mots, quand elle a été frappée de cécité; mais alors son éducation avait été négligée pendant quelque temps, et elle avait oublié à peu près ce qu'elle savait. Plus tard, en partie à l'aide de caractères imprimés en relief, tels qu'on les emploie pour l'instruction des aveugles, en partie à l'aide d'entretiens qui ont eu lieu avec elle par les signes mimiques et à l'aide du tact, elle se rappela les connaissances qui s'étaient effacées de sa mémoire, et en acquit de nouvelles. Elle exprimait sa pensée par des signes ; en plaçant la main dans sa main, on lui faisait sentir les formes de l'alphabet manuel, et suivre tous les mouvements des gestes ; et c'est merveille de voir comme elle saisit les traits rapides de la pensée que le geste dessine en l'air.

Elle était restée à l'Institution au delà du temps que le règlement accorde aux enfants indigents ; on écrivit à sa famille, point de réponse. L'inutilité des démarches qu'on avait faites pour la découvrir, mit le Conseil d'administration dans la triste nécessité d'arrêter que la malheureuse aveugle serait placée dans un hospice, loin de ses compagnes, qui elles seules pouvaient lui faire oublier sa situation déjà si déplorable.

Deux dames, dont l'une avait sa fille dans l'institution, voulurent du moins adoucir pour Victorine l'amertume d'une si cruelle séparation, en se chargeant de la conduire elles-mêmes dans son nouvel asile, à la Salpêtrière. Personne n'avait eu le courage de préparer mademoiselle Morisseau au sort qui l'attendait. Tout le monde était consterné autour d'elle, elle seule était tranquille. Il ne fut pas difficile de trouver un prétexte pour la faire monter en voiture. Elle part, elle croit aller à une partie de plaisir ; mais, à peine la voiture a-t-elle franchi le seuil de la grande porte de l'hospice, que la pauvre aveugle éprouve un mouvement convulsif semblable à de la terreur. Elle poursuit, en tâtonnant, la main de l'une des dames qui sont auprès d'elle, elle se presse contre sa protectrice, et semble vouloir chercher dans son sein un asile contre le malheur qui la menace.

Soit que Victorine eût eu quelque pressentiment de sa destination, soit que la finesse de son odorat l'eût avertie de la différence de l'atmosphère où elle entrait, elle était en proie aux plus vives alarmes. C'est l'hôpital! c'est l'hôpital! ne cessait-elle de répéter dans son langage, en descendant de voiture; et son geste énergique ajoutait encore à l'horreur dont elle était saisie. Ses genoux fléchissaient sous elle, et sa conductrice, en soutenant sa marche chancelante, cherchait vainement à calmer son agitation.

On arrive au quartier de l'hospice destiné aux femmes aveugles. La supérieure, apercevant les angoisses de cette pauvre enfant, allait lui adresser quelques mots consolants; mais on la retira de son erreur, en lui apprenant que l'infortunée était, en outre, privée de l'ouïe et de la parole.

A cette nouvelle imprévue, une larme d'attendrissement voile ses yeux, habitués depuis tant d'années au spectacle de toutes les infirmités. Elle veut du moins serrer la main de l'infortunée qui ne peut ni entendre sa voix, ni répondre à ses regards. Victorine, sensible à cette douce étreinte, cherche à reconnaître de quelle part lui vient ce signe affectueux ; en tâtonnant, elle touche la robe grossière de la sœur. Soudain elle jette un cri déchirant, et repousse avec effroi la main qui presse si tendrement la sienne. Cette robe a dissipé tous ses doutes, a confirmé toutes ses craintes. Elle ne met plus de bornes à son désespoir.

La sœur, qui ne peut comprendre cet emportement soudain, s'approche pour calmer Victorine, et ne fait qu'irriter sa terreur et ses cris.

A ces violents transports succéda un profond abattement ; immobile sur son siége, la tête penchée sur sa poitrine, elle ressemblait à une statue de marbre. La maison où elle se sentait étrangère, c'était, à son opinion, la réunion de toutes les plus hideuses infirmités, de toutes les maladies les plus repoussantes, les plus redoutables, les plus contagieuses ; et son imagination les lui représentait comme autant d'affreux spectres tout prêts à la saisir.

Cette pauvre enfant, naguère si empressée à faire connaissance avec tout ce qui l'entourait ; elle qui aimait à sentir la vie autour d'elle, et ne paraissait heureuse que lorsque sa main rencontrait un être sensible qui pût entrer en rapport avec elle, maintenant tout ce qui l'approche la fait frissonner d'épouvante. Si elle sent le plus léger frémissement d'un vêtement, elle se retire sur elle-même, comme la sensitive ; elle cherche à rétrécir encore l'espace étroit qu'elle occupe ; elle voudrait, en quelque sorte, s'anéantir pour mieux se soustraire à la contagion des maux dont l'air même lui semble chargé.

Lorsque, quelques jours après, les dames protectrices revinrent la voir, elles la trouvèrent sur le même siége, dans la même attitude ; elle semblait inanimée, et on l'aurait crue privée de sentiment, sans les larmes qui, de ses paupières fermées, coulaient comme deux ruisseaux, et sans les profonds sanglots qui, de temps en temps, soulevaient avec effort sa poitrine. La supérieure, en leur assurant que la pauvre enfant succomberait infailliblement à son profond chagrin si on ne la retirait de l'hospice, les pria d'employer leur crédit pour obtenir qu'elle fût rendue à ses compagnes. L'une des dames, madame de Chasseloup, profondément touchée, promit de lever toutes les difficultés, en payant elle-même la pension de cette infortunée, qui, en effet, peu de jours après, fut rappelée à l'institution. Quand on vint la chercher, elle ne voulait pas croire à cette félicité inattendue, et s'en défendait comme de l'illusion d'un songe enchanteur. Enfin, elle ne laissa éclater toute sa joie que lorsque, arrivée dans la cour de l'institution, elle sentit l'air qu'elle avait respiré si longtemps.

Après s'être livrée aux embrassements de ses compagnes, qui se pressent autour d'elle, elle veut les reconnaître l'une après l'autre. Elle fait voltiger ses doigts sur leurs têtes, sur leurs traits, sur leurs bras; elle tâte et flaire leurs mains, leurs vêtements, et, nommant chacune par le signe qui la caractérise, elle la serre de nouveau dans ses bras avec la plus vive tendresse. Tous ses chagrins sont effacés par le bonheur de ce moment, et elle peut s'y abandonner sans retour, car elle a reçu l'assurance que son sort ne changera plus. En effet, depuis cette époque, Mlle Morisseau est restée constamment dans l'institution, où, grâce à l'instruction religieuse, qu'elle avait reçue de bonne heure, et qui exerçait sur sa destinée la plus heureuse influence, la sérénité se peignait dans ses traits et son humeur était gaie. Un jour qu'une des institutrices lui demandait la cause de sa joie, elle lui répondit qu'elle pensait à Dieu, qu'elle songeait à l'autre vie qui lui était promise, et qu'elle se réjouissait du bonheur qui l'y attendait.

Cette infortunée est un monument vivant de la puissance des sentiments moraux et religieux sur la destinée de l'homme.

Mlle Morisseau est morte.

XXXI.

Un sourd-muet aveugle.

On verra, dans quelques détails très-curieux[1] que nous allons donner sur l'état moral de cet être singulier, que les cinq sens ne nous procurent pas nécessairement les facultés affectives et intellectuelles, et qu'ils ne jouent très-souvent leur rôle que comme instruments intermédiaires.

Jacques Mitchell, fils d'un ecclésiastique protestant du comté de Nairn, en Écosse, naquit le 11 novembre 1795. Sa mère remarqua bientôt que son enfant était né aveugle, en voyant qu'il n'exprimait aucun désir de tourner les yeux vers la lumière ou tout autre objet brillant. Plus tard, elle eut encore la douleur de reconnaître qu'il était sourd, en observant qu'aucun bruit, quelque fort qu'il pût être, n'était capable de troubler son sommeil. La surdité était complète, mais la cécité n'allait pas jusqu'à une privation totale de la vision.

[1] Ces détails sont tirés d'un rapport lu devant la Société royale d'Edimbourg par le professeur Dugald-Stewart.

Dans son enfance, il paraissait être attiré par les couleurs vives et brillantes ; il avait coutume de tenir entre son œil et les objets lumineux les corps dont il avait observé que l'interposition augmentait la quantité de lumière ; c'était un de ses principaux amusements de concentrer les rayons du soleil au moyen de fragments de verre ou de cailloux transparents, qu'il élevait entre son œil et la lumière, en les faisant tourner dans tous les sens. Souvent il se retirait dans une chambre, fermait les portes et les fenêtres, et restait là, pendant longtemps, les yeux fixés sur quelque petit trou ou fente qui laissait pénétrer les rayons du soleil. Souvent encore, pendant les nuits d'hiver, il s'isolait dans un coin sombre de la chambre, et allumait un flambeau pour son amusement. Dans ces cas-là, comme dans la satisfaction de ses autres sens, toute sa physionomie et ses gestes exprimaient la curiosité la plus ardente.

Jacques Mitchell était doué d'une délicatesse extraordinaire dans les sens du toucher et de l'odorat, comme on va en voir la preuve.

Quand un étranger arrivait, il en était toujours averti immédiatement par l'odorat, qui le conduisait jusqu'au lieu où se trouvait l'étranger, qu'il se mettait à examiner par le sens du toucher. Dans le canton isolé où il vivait, c'étaient surtout des hommes qui visitaient le presbytère ; la première chose qu'il faisait, c'était d'aller examiner si l'étranger portait ou non des bottes. Cela vérifié, il le quittait, allait dans le vestibule, cherchait son fouet, l'examinait avec soin ; puis il se rendait à l'écurie, et passait avec la même attention la main sur son cheval. Il arrivait quelquefois que les visiteurs venaient en voiture ; alors Mitchell allait sous la remise, inspectait la voiture, et en essayait mainte et mainte fois les ressorts. Certes, il n'était guidé en cela que par le toucher et l'odorat.

Un jour, le cordonnier lui apporte une paire de souliers trop petits ; sa mère les renferme dans un cabinet voisin, et en retire la clef. Quelques moments après, Mitchell demande la clef à sa mère, en tournant la main comme quelqu'un qui ouvre la porte, et en montrant le cabinet. La mère la lui donne, il ouvre, apporte les souliers, et les met aux pieds du jeune garçon qui l'accompagnait dans ses excursions, et auquel ils allaient fort bien.

Dans son enfance, il flairait toujours les personnes dont il s'approchait, en portant leurs mains à son nez et en aspirant l'air ; leur odeur déterminait son affection ou son aversion, de même que les personnes douées du sens de la vue sont attirées ou repoussées par une forme belle ou laide ; il a toujours reconnu ses habits par l'odorat, et refusé de mettre ceux d'un autre.

Les exercices du corps l'ont toujours amusé ; il aimait à se rouler du haut en bas d'un monticule, à faire la culbute, à faire flotter du bois ou d'autres objets sur la rivière qui passe près de la maison de son père, ou à ramasser des pierres rondes et lisses qu'il trouvait sur le rivage, à les mettre en cercle et à se placer au milieu ; ou bien à bâtir avec des morceaux de tourbe des cabanes dans lesquelles il laissait des ouvertures, probablement pour imiter les fenêtres.

Les traits de son visage étaient très-expressifs. En général, son langage naturel n'était pas celui d'un idiot, mais d'un être intelligent : lorsqu'il avait faim, il portait la main à la bouche, et montrait l'armoire où les comestibles étaient renfermés; quand il voulait se coucher, il inclinait la tête d'un côté sur sa main, comme s'il voulait la mettre sur un oreiller. Il imitait les gens de métier pour les indiquer, tels que les mouvements d'un cordonnier qui tire le fil en étendant les bras, ou d'un tailleur en cousant. Il aimait à monter à cheval ; il désignait cet exercice en joignant les deux mains ensemble, et en les portant sous la plante d'un de ses pieds, sans doute pour imiter l'étrier. Il faisait, comme tout le monde, les signes naturels de *oui* et *non* avec la tête, signes qui appartiennent au premier langage universel. Il ne voulait pas qu'on l'embrassât à la figure, et si sa sœur le faisait en plaisantant, il s'essuyait et se frottait d'un air mécontent.

Il se rappelait facilement la signification des signes qu'on lui avait faits. Pour lui faire comprendre le nombre des jours, on lui inclinait la tête, comme signe qu'il devait se coucher autant de fois avant que la chose se fît. On lui témoignait du contentement en lui caressant l'épaule ou le bras, et du mécontentement en frappant un peu sec.

Il était sensible aux caresses et à la satisfaction de ses parents ; il aimait les jeunes enfants, et les prenait dans ses bras ; il était naturellement bon et n'offensait personne. Quelquefois il aimait qu'on badinât avec lui, et il riait aux éclats ; mais si on le contrariait trop ou trop longtemps, il se fâchait, et poussait des cris très-désagréables. En général, il paraissait content de son sort.

Il montrait son vif attachement pour ses parents. La mort de son père permit de faire cette dernière observation. Quand le cercueil qui renfermait le corps de son père fut exposé devant la porte, avant l'enterrement, Jacques sortit de la maison avec précipitation, aspirant l'air autour de lui, probablement pour se diriger ; s'approcha du cerceuil, se jeta dessus, et le serra dans ses bras, pendant que toute sa contenance annonçait le plus grand chagrin. Au moment où l'on voulut emporter le cercueil, il se jeta dessus de nouveau, le retint, et l'on fut obligé de l'en arracher de force.

Un jour, sa sœur tomba malade et fut obligée de garder le lit ; Mitchell montra de l'inquiétude, et voulut savoir ce que sa sœur était devenue. Il fit signe qu'on le conduisît auprès d'elle. Ayant trouvé sa sœur au lit, il éprouva du plaisir à lui serrer la main. Sa tante venait les visiter en ce moment-là, il lui fit signe qu'elle eût à rester auprès de la malade pour la soigner.

Il est certain qu'il éprouvait le sentiment du juste et de l'injuste ; il était peiné toutes les fois qu'il avait offensé sa sœur ou sa mère ; il les caressait pour regagner leur affection. Son sentiment d'amour-propre ou de dignité personnelle était très-prononcé ; il n'eût pas voulu prendre ses repas réguliers à la cuisine où était la servante, mais dans la chambre, en présence de sa famille ; cependant, s'il rentrait avant l'heure du dîner, il allait demander une pomme de terre à la cuisinière. Son amour pour l'approbation était évident, il aimait à être caressé ; il donnait la préférence aux personnes bien mises, et s'il avait des habits neufs, il ne voulait plus remettre les vieux. Plusieurs fois il détruisit ou jeta dans la rivière ses vieux habits et ses souliers, pour empêcher ses parents de les lui faire remettre.

Il avait le sentiment de la propriété. Une chose, parmi tant d'autres, va en donner la preuve. Un jour, il rencontra sur la route un homme monté sur un cheval qui avait été acheté à sa mère quelques semaines auparavant ; Mitchell, selon sa coutume, touche le cheval, paraît l'avoir reconnu à l'instant, et fait signe au cavalier de descendre. Celui-ci, afin d'observer son intention, obéit, et voit avec surprise que Mitchell conduit le cheval à l'étable de sa mère, lui ôte la selle et la bride, lui donne de l'avoine à manger, se retire, ferme la porte, et met la clef dans sa poche.

Il est impossible d'avoir une preuve plus éclatante des dispositions innées et de l'insuffisance des instruments extérieurs. Ce jeune homme, quoique privé des deux principaux sens de relation, manifestait les facultés affectives et intellectuelles à un haut degré, tandis que beaucoup d'autres personnes, qui jouissent de tous les sens extérieurs en perfection, sont très-limitées dans leurs manifestations mentales, ou sont même idiotes.

XXXII.

Effets admirables du magnétisme sur deux sourds-muets.

Le fait suivant, qu'on ne lira pas sans intérêt, est extrait de la correspondance de Rome du *Constitutionnel* (numéro du 26 octobre 1849) :

« Rome possède depuis quelques jours le célèbre magnétiseur, M. Ch. Lafontaine. Il a donné avant-hier une séance de magnétisme curatif appliqué aux organes de l'ouïe, et, après une courte injection du fluide magnétique, il est parvenu à faire percevoir très-distinctement des sons à deux sourds-muets, l'un âgé de trente-trois ans, et l'autre de trente. Toutes les célébrités médicales de Rome s'étaient donné rendez-vous dans son salon. »

XXXIII.

Comment l'abbé de L'Épée fut-il amené à tirer d'un trop long oubli des milliers de sourds-muets condamnés jusqu'alors à la condition la plus triste et la plus déplorable qu'il soit possible d'imaginer sur la terre, et à les réhabiliter dans leurs droits d'homme et de citoyen ?

Une dame de Paris, veuve et peu favorisée de la fortune, avait deux filles sourdes-muettes. Elles recevaient des leçons d'un père de la Doctrine chrétienne, qui, sans méthode, faisait de grands efforts pour développer leur intelligence. On n'en avait encore obtenu aucun succès marqué, lorsqu'elles perdirent ce précieux ami. Ces deux infortunées furent très-affligées de sa perte ; mais la mère la sentit plus vivement ; la mère, plus capable d'apprécier toute la rigueur de leur destinée, surtout lorsqu'elles seraient privées de sa présence, de son appui, de sa tendresse et de son amour, ne cessait de pleurer le malheur de sa fécondité.

Une affaire conduit l'abbé de L'Épée dans cette maison ; la mère étant absente, il demande à attendre son retour. On l'introduit dans un salon où il ne trouve que les deux muettes (dont il ignorait l'infirmité), occupées à un ouvrage de leur sexe. Elles le reçoivent avec cet air si intéressant que l'on a toujours à cet âge, et dont un silence, qu'il était si naturel d'attribuer à la modestie ou à la timidité, relevait encore les charmes ingénus.

Il leur adresse la parole... ; mais les jeunes personnes restent immobiles, les yeux fixés sur leur ouvrage... Il élève la voix... ; point de réponse.

Tandis que l'abbé de L'Épée, étonné d'un silence si absolu, cherche vainement à s'en rendre raison, la mère rentre, lui apprend, non sans verser un torrent de larmes, la disgrâce de ses filles et la douleur qui la consume.

L'affaire qui l'avait amené fait bientôt place, dans son esprit et dans son cœur, au vif intérêt que lui inspire une si grande infortune; leur sort éternel fixe d'abord son attention.

Il ne lui faut pas de longues réflexions pour être convaincu que l'enseignement peut et doit les sauver.

Voilà le foyer modeste d'où jaillit l'étincelle de l'émancipation des sourds-muets, voilà le cœur dans lequel est éclose la grande pensée de répandre les lumières de l'instruction sur tous nos semblables.

PENSÉES DIVERSES DE SOURDS-MUETS.

—

M. GAZAN.

Les paroles du sage sont l'écho de la vertu même. L'homme de bien est un faisceau de bonnes mœurs noué par l'honneur qui l'anime.

Les yeux bandés par l'impartialité, tout historien doit mettre sa plume au service de la vérité.

Un homme sans raison est un aveugle sans bâton.

Le génie ne se manifeste pas sans le cœur, non plus que l'étincelle sans le feu.

Une femme qui, maltraitée par les injustices de son mari, remplit bien les devoirs de la loi conjugale, est, dans son ménage, comme une plante fleurie dans un terrain de ronces.

Si le soleil est l'œil du monde physique, le génie est celui du monde scientifique.

Les éloges bien entendus sont aux belles actions ce que les rosées sont aux plantes.

C'est atteler sa destinée à celle du papillon, que d'aimer la légèreté plus que la constance.

L'homme probe est l'honneur même en relief.

Le scepticisme est un vaisseau flottant dont l'incertitude est l'ancre unique.

Ce qui fait le plus d'honneur et de gloire au chef d'un État, c'est l'amour du peuple et la haine des courtisans.

L'envie est, de sa nature, fabricatrice de calomnies.

Les yeux de la politique, ce sont la religion et l'économie.

L'éloge est le prix du talent, ou bien, la louange en est la célébration.

La langue est le battant de la bouche.

Dieu est un soleil ; les dieux du paganisme sont autant de parhélies.

Le génie d'un Voltaire chargé du poids des ans est la phosphorescence du bois pourri, ni plus ni moins.

La clémence ne mérite son nom qu'autant qu'elle fait triompher ou du courroux, ou de la soif de tirer une éclatante vengeance ; et non jamais lorsque l'un ou l'autre sommeillent dans son sein, comme sous les glaces de l'indifférence. Bien sot qui crie à l'oreille du prince pardonnant par pure apathie : ô clémence !

A quoi comparer l'homme qui paie de mine, mais qui a l'esprit grossier ? A un livre qui, eût-il un bel extérieur, porte en soi des idées plates et triviales, des expressions pâles et froides, des discours amusant tout au plus l'oreille et laissant le cœur vide.

C'est un agréable parterre à parcourir qu'une vie angélique, pure, sereine tout à la fois ; mais qu'est-ce donc qui doit en être la haie ? La crainte du Très-Haut.

L'espérance est la promesse de l'imagination.

Refuser la liberté individuelle, c'est tondre la racine des ailes à un oiseau ; l'accorder sous certaines conditions, c'est couper l'extrémité des ailes à l'oiseau, de façon à ne lui laisser la faculté de voler qu'à peu de distance ; emprisonner un homme supérieur par la vigueur de son talent, c'est introduire de force un aigle dans une cage.

L'honneur de la femme est bien fragile ! C'est une plante rare qui, hors de la serre, meurt sous l'influence de l'atmosphère qui l'étouffe.

L'amour est un nectar que la nature semble avoir versé dans le calice de la vie pour en tromper l'amertume.

QUELQUES RÉPONSES DE SOURDS-MUETS.

—

M. MASSIEU.

Qu'est-ce que l'éternité?

R. Quelque chose sans naissance, ni mort; une jeunesse sans enfance ni vieillesse; l'aujourd'hui sans hier ni demain; le jour circulaire sans succession, le non-âge.

Qu'est-ce que l'espérance?

R. La fleur du bonheur.

Qu'est-ce que la reconnaissance?

R. La mémoire du cœur.

Qu'est-ce que la difficulté.

R. La possibilité avec obstacle.

Qu'est-ce qu'un sens?

R. Une porte.

Qu'est-ce que Dieu?

R. L'être nécessaire, le soleil de l'éternité, l'horloger de la nature, le machiniste de l'univers, l'ami du monde.

M. CLERC.

Qu'est-ce que l'ambition ?

R. C'est le désir immodéré d'avoir encore, après avoir eu beaucoup.

Les sourds-muets sont-ils malheureux ?

R. Ils ne sont pas malheureux ; qui n'a rien eu, n'a rien perdu ; et qui n'a rien perdu, n'a rien à regretter.

Comment comprenez-vous l'ingénuité ?

R. Je la comprends naturelle, franche, naïve, sans finesse, sans déguisement, sans détour, dans ses paroles ni dans ses actions.

M. F. BERTHIER.

Qu'est-ce que la clémence ?

R. Un pardon magnifique.

Quelle différence y a-t-il entre le raisonnement et le jugement ?

R. Le premier enchaîne les comparaisons, le second les déduit les unes des autres.

DISCOURS D'OUVERTURE

[illegible]

A LA DISTRIBUTION DES PRIX

DE 1844,

A L'INSTITUT NATIONAL DE PARIS

MESSIEURS,

« Vous avez [illegible] d'abord étonnés de voir, dans [illegible] que celle qui vous attire, [illegible] l'allocution d'un pro- [illegible] bonté que [illegible] éducation des sourds- [illegible]

DISCOURS D'OUVERTURE

DE L'AUTEUR,

A LA DISTRIBUTION DES PRIX

DE 1844,

A L'INSTITUT NATIONAL DE PARIS.

MESSIEURS,

« Vous serez peut-être d'abord étonnés de voir, dans une solennité aussi intéressante que celle qui vous attire, ouvrir une distribution de prix par l'allocution d'un professeur sourd-muet ; mais vous comprendrez bientôt que dans une institution destinée à l'éducation des sourds-muets, il doit se trouver des professeurs, leurs compagnons d'infortune, qui, après s'être formés à la même école, sont appelés, avec la coopération de leurs collègues parlants, à transmettre à leurs plus jeunes frères le bienfait de l'instruction qu'ils y ont reçue : vous comprendrez aussi que le langage mimique, qui n'est pas, tant s'en faut, une langue étrangère au sein d'une pareille réunion, vienne tout naturellement frapper à cette porte et s'offrir ici comme notre seul moyen de communication avec nos élèves. Cependant j'ai besoin de toute votre indulgence pour remplir convenablement cette mission étrange, au milieu des émotions dont il est tout naturel qu'on soit saisi en paraissant devant une aussi brillante assemblée.

« Avant moi, quelques-uns de mes collègues ont combattu devant vous, avec autant d'habileté que d'énergie, les préjugés absurdes, humiliants, sous le poids desquels le sourd-muet a longtemps végété; ils vous ont fait remonter aux siècles d'ignorance et de barbarie où des peuples l'égorgeaient sans pitié, ou l'ensevelissaient dans les flots comme un monstre inutile et venimeux; puis ils sont descendus avec vous aux temps où, malgré les progrès de la civilisation, ces pauvres êtres étaient encore en butte à l'indifférence, au mépris des hommes, et couvraient de honte leurs parents qui détournaient leurs regards et les abandonnaient à leur sort, s'imaginant que là où la parole manque, l'entendement doit sommeiller dans un engourdissement complet, et le cœur être inaccessible à tout sentiment humain, et que, dans une situation si malheureuse, ils végètent nécessairement dans une sorte d'inaction, dans un profond abrutissement, privés de toute éducation. Enfin, après avoir tracé à vos yeux la plus triste et la plus terrible image de leur condition, ils se sont empressés de vous conduire des ténèbres de l'ignorance aux premières lueurs de cette aurore miraculeuse à la clarté de laquelle un homme, envoyé de Dieu, vint déchirer le voile de la profonde obscurité qui environnait le pauvre sourd-muet, errant dans la solitude, au milieu de la foule, et le réhabiliter, par les lumières de l'instruction, dans ses droits d'homme et de citoyen ; on a su déployer à vos regards les immenses résultats de cette simple et puissante parole adressée au sourd-muet par cet apôtre presque divin : « Sois mon égal ! » et la vertu de son souffle inspirateur, ouvrant à cet infortuné les portes de la vie, et l'environnant des affections de la famille, de l'amitié tutélaire des hommes qui entendent et qui parlent. De tous ces prodiges du génie créateur de l'abbé de L'Epée, qui peut mieux juger que vous, Messieurs, admis en ce jour solennel à en être les témoins? Vous n'avez plus de larmes à verser sur le sort de vos enfants frappés par la cruelle nature, vous n'avez qu'à vous reposer sur la sollicitude des disciples du grand instituteur qui, à son exemple, vouent leur vie à réparer les torts de la nature par le bienfait de l'enseignement.

« Promenez un moment votre attention sur la jeune assemblée qui se presse autour de ces couronnes qu'elle dévore des yeux, vous lirez dans ces regards qui pétillent d'intelligence, vous lirez sur ces fronts épanouis le bonheur calme qu'ils puisent à longs traits aux sources intarissables de l'éducation ; vous verrez avec étonnement ces mains actives, ces bras ardents suppléer sans trop de désavantage à l'immobilité de la langue, et reproduire sous de vives couleurs toutes les pensées de l'esprit, toutes les affections de l'âme ; vous verrez enfin, dans ces traits si expressifs, combien le cœur de ces enfants s'ouvre avec délices au souvenir de leur rédempteur, qui sut leur créer en quelque sorte une nouvelle âme, en élevant celle qui sommeillait en eux aux sublimes lumières de la religion et de la morale.

« Suivez-les hors de la maison : elle leur avait servi d'asile quand la société les repoussait ; ils rentrent aujourd'hui triomphants dans cette société au sein de laquelle leur intelligence développée leur assigne une place au milieu de ses autres enfants, et où ils trouveront, n'en doutez pas, une existence honorable dans les professions utiles et dans les arts. D'un côté, c'est parmi eux tout un peuple d'ouvriers, d'habiles imprimeurs, d'horlogers, de mécaniciens, etc. ; de l'autre, prennent place au milieu de nous, de bons graveurs, des peintres distingués, qui, comme Peyson et Loustau, ont envoyé des tableaux aux expositions, et obtenu des médailles d'or. Mais si les beaux-arts comptent des sourds-muets au nombre de leurs adeptes, les belles-lettres aussi ont en eux de dignes représentants : au milieu de tant de productions littéraires dont nous sommes inondés, il en est qui, sorties de leur plume, surnagent heureusement, et, s'en tenant à la prose, charment par un style pur, élégant, brillant, harmonieux, par des pensées fines, ingénieuses, piquantes, comme celles de M. Berthier ; et d'autres qui, empruntant le langage de la poésie, frappent le lecteur par une féconde et vive imagination, par des conceptions heureuses, riches et riantes, comme celles de M. Pelissier. Si, n'écoutant que notre amour-propre de sourd-muet, nous nous laissions aller au plaisir de passer en revue tous les ouvrages d'esprit et d'art de nos frères d'infortune, nous nous verrions entraînés à notre insu, malgré nous, beaucoup trop loin de l'objet sacré de cette réunion de famille.

« Il est cependant une création qui, dussiez-vous m'en vouloir de cette confidence, a des droits à votre bienveillante sympathie, tant par le motif qui a présidé à la fondation que par les fruits qu'elle promet et par les encouragements qu'elle recueille de tous les hommes de bien, je veux parler de la Société centrale des sourds-muets qui existe à Paris depuis six années sous la surveillance et avec l'autorisation du Gouvernement.

« Son but est d'offrir à ceux d'entre nous qui ont achevé leurs études, et qui se trouvent séparés, répandus çà et là dans l'immensité de la capitale, un point utile de ralliement, un foyer de communications réciproques; de leur procurer des facilités pour se produire dans le monde, et en même temps de réunir en un faisceau commun les lumières de tous les sourds-muets épars sur la surface du globe, et des instituteurs qui ont fait une étude spéciale de leur éducation. La Société s'occupe aussi de procurer aux ouvriers sourds-muets, soit du travail par ses relations, soit, quand l'ouvrage manque, des secours au moyen de la cotisation que paie chacun de ses membres; de les entretenir dans de bonnes habitudes par l'assistance continuelle de leçons gratuites et de sages conseils, et de les mettre ainsi en état de remplir honorablement tous les devoirs de la vie civile. Il est publié annuellement un résumé général des travaux de la Société pendant l'année qui vient de finir, et un compte-rendu scrupuleux de ses recettes et de ses dépenses. Le bureau, qui se renouvelle tous les ans, se compose d'un président, d'un vice-président, d'un secrétaire, d'un secrétaire-adjoint et d'un caissier, tous sourds-muets, je n'ai pas besoin de vous le faire observer.

« Ne vous étonnez pas, Messieurs, de voir ce silencieux aréopage s'assembler et délibérer sans le bruit de la voix. Quel est après tout le langage universel de l'humanité, si ce n'est le langage des gestes? C'est une langue connue et adoptée dans tous les temps et par tous les peuples. Si ce langage peut seul remplacer au besoin tous les autres moyens de communication chez les nations qui ont chacune un idiome particulier, quelle mine d'or pour ceux qui, privés du don de la parole, n'en sentent que plus la nécessité et le prix! Quel langage que celui qui se prête à l'expression des nuances les plus délicates de la pensée, et qui peint admirablement tous les sentiments du cœur !

« Vous allez voir, Messieurs, un autre exemple frappant de la toute-puissance de la pantomime, dans les réunions qui ont lieu chaque année pour célébrer dans un banquet fraternel le souvenir impérissable de la naissance de l'abbé de L'Epée. Quel concert d'actions de grâces, quelle explosion de reconnaissance s'élève de toutes parts, dans nos allocutions mimiques, vives et entraînantes, destinées toutes à fêter la gloire de notre Moïse qui nous a retirés de notre esclavage intellectuel ! Les parlants qui se sont empressés de venir se mêler aux sourds-muets dans ces réunions de famille, ont pu voir avec quel art et quelle grâce ceux-ci mettent leurs organes en jeu pour faire éclater leur sentiment de reconnaissance, et combien ils rachètent la privation d'un sens par une promptitude de pensée, par une énergie d'expression indicibles.

« Imaginez-vous, un moment, que vous vous trouvez au milieu d'eux en ce jour solennel : ce spectacle nouveau ne manquerait pas de vous intéresser au plus haut point ; vous verriez autour de vous la plus franche gaieté s'épanouir et régner pendant tout le banquet, les yeux pétiller de bonheur et de joie ; vous remarqueriez surtout que le mouvement gastronomique de la bouche n'interdit nullement aux bras leur action télégraphique, qu'on peut se comprendre d'un bout à l'autre de la table, sans se déranger le moins du monde, et que les doigts intelligents envoient et renvoient des mots, les bras des phrases entières, sans que dans leur trajet alternatif aucune parcelle de ces communications intellectuelles se heurtent en se croisant dans l'air. Il est hors de doute désormais que les écrivains qui ont bien voulu interrompre un moment leurs travaux pour venir étudier nos sentiments, notre caractère social, notre langue si figurée, ne manqueront pas, au besoin, de châtier de leur puissante plume les incrédules, les ennemis de l'abbé de L'Epée.

« Il vient de paraître une relation détaillée de ces banquets depuis 1834 jusqu'à nos jours.

« Maintenant, quittons un instant la capitale et parcourons le royaume : le faible grain semé par ce grand homme de génie s'est multiplié à l'infini, les lumières de l'instruction se répandent partout, grâce au dévouement de ses disciples, fidèles dépositaires des précieuses traditions de leur illustre maître : on voit des écoles de sourds-muets rivaliser avec les premiers colléges, et des hommes chargés de l'administration publique se faire un de leurs plus grands et plus beaux devoirs de veiller à leur prospérité. Parmi ces écoles, il y en a plus d'une qui est confiée aux soins d'un directeur sourd-muet lui-même, comme, par exemple, celle de Lyon, dont le digne chef, M. Forestier, après avoir sucé le lait d'une instruction puissante à l'école mère de Paris, est allé porter les trésors de lumières qu'il y avait recueillis, à la seconde ville du royaume ; savant Forestier, qui, par son jugement solide et sa grande pénétration d'esprit, justifie si bien le surnom de Rollin des sourds-muets, dont l'a spirituellement gratifié un écrivain de talent qui s'est rendu notre langue familière, M. Eugène de Monglave.

« Dirigeons nos explorations du côté du nord : là vit paisiblement dans ses vieux jours un célèbre professeur qui fut sous l'abbé Sicard la colonne de l'institution de Paris, et qui, dans le temps, a étonné l'Europe par ses définitions empreintes d'une originalité piquante.... A ce peu de mots, qui de vous n'a reconnu Massieu? Ce muet extraordinaire, après avoir brillé d'un si vif éclat dans la capitale de la civilisation, est venu, au fond d'une modeste retraite, consacrer encore le reste de ses forces à l'éducation de ses jeunes frères d'infortune.

« Si, par hasard, on tourne ses pas vers l'ouest, on rencontre un jeune homme (Paul de Vigan), qui a si bien su se venger de l'oubli de la nature à son égard, par sa vaste et profonde étude des sciences mathématiques et physiques, que la première Académie du globe, l'Académie des sciences de Paris, a jugé devoir consacrer un rapport solennel aux recherches de ce sourd-muet. Ailleurs, je me bornerai, pour ne pas fatiguer votre attention, à citer un phénomène incroyable : il s'agit d'un de nos anciens camarades, de de Gazan, le fils du général pair de France, qui, après avoir suivi le cours de nos études ordinaires, a pris tout à coup un essor qui surprend tout le monde. Il semble défier la nature cruelle de sa plume audacieuse. Il ose poser un pied hardi sur le champ harmonieux de la musique, lettre morte pour nous jusqu'à ce jour, conquête qui nous semble à jamais interdite, et il publie ses notions approfondies sur la formation et la différence des sons ; il cherche à distinguer le son aigu du son grave, il dépeint les charmes de cette harmonie qui chatouille les oreilles de tous, excepté les nôtres. Et pourtant, comme nous il est sourd, entièrement sourd ; mais par la force de sa volonté puissante, il croit entendre dans le sanctuaire de son esprit. Reconnaissons dans ce fait un des mystères impénétrables de la Providence divine, qui seule peut produire de semblables miracles pour relever celui qui est déchu, pour consoler celui qui pleure.

« Veut-on franchir les frontières ? veut-on passer à l'étranger ? on verra que le bienfait de l'enseignement ne s'arrête pas à ces démarcations arbitraires que la politique jette entre les hommes, enfants d'un même Dieu ; qu'il s'étend et rayonne de toutes parts, et que sur tous les sables du globe, on retrouve l'empreinte du doigt de l'abbé de L'Epée. Partout, depuis les plaines ardentes des contrées torrides jusqu'aux glaces des régions polaires, le voyageur note presque toujours sur son agenda, parmi des monuments d'utilité ou de luxe, un établissement où l'on fait entendre et parler intellectuellement le sourd-muet. L'immensité des mers n'est même pas un obstacle aux progrès de notre émancipation : à l'aspect d'un professeur sourd-muet français, il s'est élevé comme par enchantement, aux États-Unis, des écoles où nos frères infortunés viennent rompre le pain fraternel de la science et communier aux mêmes sources de l'éducation. M. Clerc (c'est le nom de notre compatriote) a bravé courageusement les fatigues et les dangers de ce long voyage pour aller initier les sourds-muets d'Amérique aux conquêtes intellectuelles des sourds-muets d'Europe. Que de grâces lui sont rendues ! Dans son ardeur de prosélytisme il a même voulu sceller l'union de nos frères de l'ancien et du nouveau monde, par son mariage avec une jeune Américaine sourde-muette comme lui; et, à notre grande joie, il a trouvé par là le moyen de foudroyer, à l'aide d'un argument sans réplique, en montrant ses quatre enfants qui parlent tous, ces esprits routiniers qui ne veulent pas se défaire de leurs injustes préventions sur la question de notre prétendue infirmité héréditaire.

« Dans ces mêmes climats lointains, se révèle un des beaux fruits des travaux de cet infatigable missionnaire silencieux : il paraît depuis 1829 aux États-Unis une feuille hebdomadaire qui sort de la plume d'un sourd-muet, Levi-Backus, propriétaire et principal rédacteur de ce journal ; et, chose encore plus curieuse, c'est qu'on y lit, outre des faits qui intéressent les sourds-muets, des matières qui concernent la politique, la littérature, les sciences et le commerce.

« Si je me suis laissé aller au bonheur de vous décrire les efforts et les succès de nos frères, c'est pour pouvoir mieux tout rapporter à la gloire de l'homme de génie qui, d'un geste, sut faire jaillir la pensée de notre cerveau presque vide, et nous élever au niveau des hommes instruits. Oui, que tout ce qui est admirable parmi nous remonte sans cesse à l'abbé de L'Epée comme à sa véritable, à son unique source.

« C'est une justice, Messieurs, que moi, faible et obscur, je suis heureux de lui rendre, devant vous, en présence d'un de ses successeurs, notre directeur actuel, M. de Lanneau, qui a si bien compris toute l'importance du saint apostolat qu'il est appelé à continuer, et qui a dit ces belles paroles dans une occasion solennelle : « Une seule pensée « nous occupe, le bonheur des sourds-muets ; jamais nous « ne perdrons de vue que l'institution des Sourds-Muets « a été fondée pour les sourds-muets, et que tout, dans « l'institution des Sourds-Muets, doit se rapporter aux « sourds-muets.... » Aux félicitations que chacun de nous lui adresse, il n'en est aucun qui n'associe MM. les membres de la Commission nommée par le Gouvernement pour concourir avec lui au bien-être de la maison, et qui méritent toute la reconnaissance des élèves par leur sollicitude paternelle pour l'amélioration de leur sort.

« Je m'arrête : je ne voudrais pas, pour ma part, retarder davantage, pères et mères de nos chers élèves, le beau moment où vos enfants vont recevoir la récompense de leur application et de leur bonne conduite, des mains de M. Laurent de Jussieu, qui a bien voulu venir présider cette fête de famille, lui qui a tant de droits au titre modeste d'ami des sourds-muets ; en voyant leurs yeux pétiller d'impatience, je me reprocherais de retarder le bonheur qu'ils vont éprouver en se jetant à votre cou et en déposant entre vos mains les couronnes qu'ils ont conquises. La vivacité peinte sur tous leurs traits nous annonce combien ils tressaillent de joie en pensant qu'ils vont se reposer auprès de vous et s'enivrer de vos tendres caresses. Combien ils vous promettront aussi de redoubler d'ardeur, à leur retour dans l'Institution royale, pour répondre à tous les soins, à tous les sacrifices que vous n'avez pas ménagés à leur tendre enfance ; et vous pouvez avoir confiance en la sagesse éclairée de MM. les chefs de cet établissement pour être sûrs d'en recevoir d'excellents fils dignes de votre amour, de vrais chrétiens dignes de Dieu, et de bons citoyens dignes de leur patrie. »

TABLE DES MATIÈRES.

FIN DE LA TABLE.

www.ingramcontent.com/pod-product-compliance
Ingram Content Group UK Ltd.
Pitfield, Milton Keynes, MK11 3LW, UK
UKHW020354230726
13925UKWH00003B/1116